PUBLICATION DE LA RÉUNION DES OFFICIERS

HISTORIQUE

DU

103ᵉ RÉGIMENT D'INFANTERIE

DE LIGNE

PARIS

CH. TANERA, ÉDITEUR

LIBRAIRIE POUR L'ART MILITAIRE, LES SCIENCES ET LES ARTS

Rue de Savoie, 6

1875

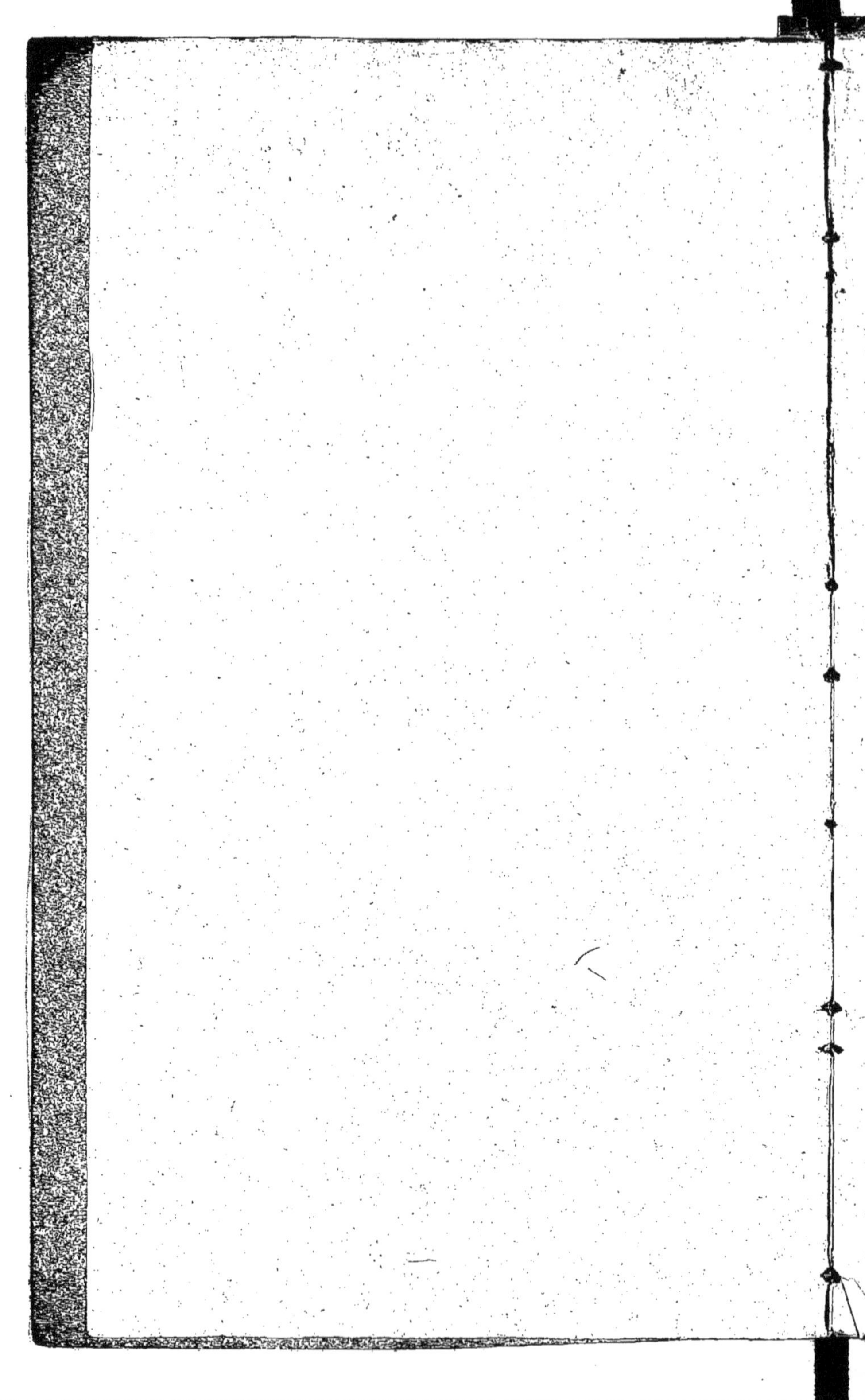

HISTORIQUE

103ᵉ RÉGIMENT D'INFANTERIE

105e RÉGIMENT D'INFANTERIE

ÉVREUX, IMPRIMERIE DE A. HÉRISSEY ET FILS.

HISTORIQUE

PUBLICATION DE LA RÉUNION DES OFFICIERS

HISTORIQUE

DU

103ᵉ RÉGIMENT D'INFANTERIE

DE LIGNE

PARIS

CH. TANERA, ÉDITEUR

LIBRAIRIE POUR L'ART MILITAIRE, LES SCIENCES ET LES ARTS

Rue de Savoie, 6

1875

INTRODUCTION

L'histoire du 103ᵉ, régiment ou demi-brigade, n'embrasse pas une longue période de temps; mais, créé dans les circonstances les plus difficiles, on le trouve partout à hauteur de la tâche qu'il avait à accomplir. Il a pris part aux grandes guerres de la Révolution et de l'Empire; on ne peut le suivre qu'en suivant les armées de la France sur tous les champs de bataille de l'Europe.

Il a accompli de nombreux faits d'armes, pris part à des victoires célèbres; tous peuvent y trouver des modèles et y puiser des leçons et des exemples. Le dévouement, le sentiment du devoir, le courage, l'exacte observation de la discipline, le patriotisme et l'amour de la gloire s'y montrent à chaque pas; et quand on se rappelle que ces vertus sont héréditaires dans notre pays, on peut espérer et regarder en face l'avenir.

Après chaque combat, la liste des pertes est quelquefois longue à parcourir; mais ce martyrologe du régiment n'est pas inutile. C'est un juste hommage qui est dû à ceux dont la valeur a si chèrement acheté notre gloire, et il s'en dégage une forte leçon : c'est qu'il faut de grands sacrifices pour obtenir de grands résultats et qu'il faut de grands efforts pour accomplir de grandes choses.

Ce livre est le livre de tous au régiment. Ces pages glorieuses, que nos aînés, nous pouvons dire nos chefs et nos camarades, ont écrites de leur sang, sont le patrimoine de la famille régimentaire; c'est l'héritage sacré que nous devons transmettre intact à ceux qui viendront après nous : puissions-nous toujours mériter ce témoignage, qui, chez nos pères, était la récompense la plus enviable pour des années de fatigues, de dangers, de privations de toute espèce : « ILS ONT BIEN MÉRITÉ DE LA PATRIE ! »

L. ROULIN,

CAPITAINE AU 103ᵉ.

Au camp de Satory, le 23 décembre 1874

HISTORIQUE

DU

103ᵉ RÉGIMENT D'INFANTERIE DE LIGNE

CORPS D'INFANTERIE AYANT SUCCESSIVEMENT
PORTÉ LE Nº 103

Six corps ont successivement porté le n° 103 ; ce sont :

1° LE 103ᵉ RÉGIMENT D'INFANTERIE, créé le 29 janvier 1792 ;

2° LA 103ᵉ DEMI-BRIGADE DE BATAILLE, formée le 25 brumaire an III (15 novembre 1794) ;

3° LA 103ᵉ DEMI-BRIGADE DE LIGNE, 18 nivôse an IV (8 janvier 1796) ;

4° LE 103ᵉ RÉGIMENT D'INFANTERIE, 1ᵉʳ vendémiaire an XII (22 septembre 1804), dissous définitivement le 16 juillet 1815 ;

5° LE 103ᵉ RÉGIMENT D'INFANTERIE, du 11 juin 1860 au 25 janvier 1862 ;

6° LE 103ᵉ RÉGIMENT D'INFANTERIE, le 1ᵉʳ mai 1872.

COLONELS AYANT COMMANDÉ CES CORPS

1° 103ᵉ régiment d'infanterie.

D'ARBLAY, janvier 1792.
JOLLY, février 1793.
DE MAUPERTHUIS, mars 1793.

2° 103ᵉ demi-brigade de bataille.

PRISYE, 15 novembre 1794.

3° 103ᵉ demi-brigade de ligne.

DUMOULIN, 21 août 1796.
TAUPIN, 1ᵉʳ février 1800.

4° 103ᵉ régiment d'infanterie.

TAUPIN, 22 septembre 1804.
RIGNOUX, 23 février 1807.
BONNAIRE, 22 juin 1811.
NICOLLE, 24 janvier 1814.

5° 103ᵉ régiment d'infanterie.

DE LA CHAISE, 11 juin 1860.

6° 103ᵉ régiment d'infanterie.

LECHESNE, 1ᵉʳ mai 1872.

I

103° REGIMENT D'INFANTERIE

20 JANVIER 1792

. La Révolution française accomplissait son œuvre prodigieuse, et les souverains étrangers, qu'épouvantait le spectacle de ce peuple qui, dans ses convulsions, jetait au monde entier de si brûlantes paroles et de si redoutables exemples, s'armaient pour défendre leurs trônes ébranlés. L'Autriche, la Prusse, le Piémont, l'Espagne, la Suisse même s'étaient engagés à faire avancer leurs armées sur nos frontières (conférence de Mantoue, mai 1791).

Poussés par ces imprudents gentilshommes qui quittaient la patrie pour diriger contre elle les armes de l'étranger, les rois se coalisaient contre la France, et bientôt allait commencer cette lutte gigantesque d'un peuple contre l'Europe, lutte qui dura vingt-trois ans et nous rapporta tant de gloire.

Durant cette longue période de guerre, nos armées victorieuses allaient porter dans toutes les capitales de l'Europe, avec le drapeau de la France, les principes de la société moderne, et graver avec leur baïonnette cette maxime de Mirabeau, la formule de l'ère nouvelle, que l'on peut voiler, mais que rien désormais ne saurait effacer : « Le droit est le souverain du monde. »

Nos frontières étaient toutes menacées à la fois : ce fut à ce moment solennel que fut formé le 103ᵉ régiment d'infanterie. Créé par décret du 29 janvier 1792, ce régiment fut formé avec une partie de la garde nationale soldée de Paris, qui avait été elle-même presque entièrement composée d'hommes venant du régiment licencié des gardes-françaises. Ses éléments, bien qu'un peu exaltés par leur contact avec le peuple parisien, en ébullition depuis deux ans, étaient excellents. Parmi ces anciens gardes-françaises, quelques-uns avaient pu apprendre de la bouche même des héros de Fontenoy l'histoire de leur bravoure chevaleresque, qui restera dans la légende des siècles ; et tous, qui avaient vu inscrits sur leur drapeau les noms de Lens, Fleurus, Fontenoy, Lille, Maestricht, Besançon, Namur, enflammaient par leurs récits glorieux l'imagination de leurs jeunes camarades qui devaient se montrer dignes de leurs aînés.

Parmi eux aussi se trouvait peut-être cet héroïque et modeste garde-française qui, en 1789, sauvait son colonel, le duc du Châtelet, que la populace voulait égorger, et répondait simplement au duc qui lui demandait son nom pour le récompenser : « Mon nom, c'est celui de tous mes camarades. »

Armée du Rhin. — Général Luckner. — En juin 1792, le 103ᵉ fait partie de l'armée du Rhin, et son 1ᵉʳ bataillon assiste au siége de Thionville.

Le 1ᵉʳ octobre, il passe à l'armée de la Moselle, sous le commandement du général Beurnonville, et prend part à l'expédition de Trèves.

Armée de la Moselle. — Général Houchard. — 1ᵉʳ bataillon. — A partir du mois de mai 1793, les deux bataillons sont entièrement séparés.

Le 15 mai, le 1ᵉʳ bataillon est aux avant-postes, à Neukirchen, et se bat contre les Prussiens, qui, après avoir réussi à enlever cette position, sont obligés de la quitter devant l'attaque énergique de nos troupes.

Plus tard, dans la même année, du 26 au 28 septembre, lorsque des forces supérieures forcèrent les nôtres de se retirer sur la rive gauche de la Sarre, les grenadiers du 103ᵉ, avec ceux du 44ᵉ, formèrent seuls l'arrière-garde, et prirent position à Scheidt.

Le 1ᵉʳ bataillon se distingua ensuite au gué de Guiding et lorsque le général Hoche, pour essayer de débloquer Landau, culbuta le corps du prince de Hohenlohe, et ne battit en retraite devant l'armée de Brunswick qu'après trois jours de combats acharnés.

Au début de cette campagne le succès ne couronna pas toujours nos efforts, mais ils ne furent pas sans gloire : le 1ᵉʳ bataillon peut en revendiquer une large part. Le sous-lieutenant Lidor se fit particulièrement remarquer en prenant, dans la journée du 8 frimaire an II (28 novembre 1793), le commandement d'une batterie d'artillerie abandonnée, avec laquelle il occupa des positions si bien choisies qu'il put favoriser la retraite de plusieurs bataillons mal engagés.

Mais Carnot organisait la victoire, et la victoire s'attache à nos pas. Hoche, à la tête de l'armée de la Moselle, reprend la campagne, tourne Brunswick, se jette sur le flanc droit des Autrichiens que Pichegru attaquait de front, les bat et les oblige à repasser le Rhin, tandis que les Prussiens, découverts sur leur gauche, reculaient jusque sous le canon de Mayence. Les troupes françaises hivernent en pays ennemi.

Le 1ᵉʳ bataillon du 103ᵉ fut constamment engagé pendant ces opérations. Tous firent leur devoir; mais furent cités comme s'étant particulièrement distingués : le sous-lieutenant Lidor, une deuxième fois, et le capitaine Switer, devenu depuis général de brigade.

Le 11 germinal an II (31 mars 1794), ce bataillon concourut à la formation de la 181ᵉ demi-brigade de bataille.

Armée du Rhin. — Général Pichegru. — 2ᵉ bataillon. — Pendant ce temps, le 2ᵉ bataillon, laissé à Sarrelouis en mai 1793, avait été envoyé à l'armée du Rhin, à Haguenau, sous le commandement du général Pichegru. Il fut, ainsi que toute l'armée, constamment engagé jusqu'à l'époque du déblocus de Landau.

Le 11 frimaire an II (1ᵉʳ décembre 1793), il s'empare du poste de Pfaffenhoffen et occupe Ubrach.

Au déblocus de Landau, il culbute à la baïonnette, avec la division Hatry, la première ligne des Autrichiens.

Le 13 nivôse (2 janvier 1794), il passe à l'armée de la Moselle, dans la division Ambert, et prend part à un engagement très-vif avec les Prussiens en force numérique plus que triple.

Après la retraite des Prussiens, il vint prendre ses quartiers d'hiver sur la Sarre.

Armée de Rhin - et - Moselle. — Général Hoche. — L'armée s'étant portée sur Trèves, le 2ᵉ bataillon, qui faisait alors partie de la division Desbureaux, entra dans la ville le 17 thermidor (4 août 1794) et occupa la Montagne Verte.

Dans la campagne de l'an III, il fait partie de l'armée du Rhin.

L'hiver n'arrêta ni les opérations de nos armées, ni nos succès. La défaite des Autrichiens, battus deux fois par Jourdan, amène la retraite des Prussiens au-delà du Rhin ; les Anglais et les Hollandais étaient culbutés par l'armée du Nord, et les quatre armées françaises du Nord, de Sambre-et-Meuse, de la Moselle et du Rhin bordèrent le grand fleuve.

L'hiver était venu précoce et terrible : le froid descendit à 17 degrés au-dessous de zéro. Les soldats, vêtus de haillons, sans paye, mais soutenus contre toutes les misères par leur énergie morale, au lieu de songer à s'établir dans des cantonnements, ne demandaient qu'à marcher en avant. Ce fut le plus bel exemple d'abnégation, de discipline et de courage qu'aucune armée ait jamais donné au monde.

« Le 20 janvier 1795, nos troupes entraient dans Amsterdam : cette cité fameuse par ses richesses vit, avec une juste admiration, dix bataillons de ces braves, sans souliers, sans bas, privés même des vêtements les plus indispensables et forcés de couvrir leur nudité avec des tresses de paille, entrer triomphants dans ses murs au son d'une musique guerrière, placer leurs armes en faisceaux, et bivaquer pendant plusieurs heures sur la place publique, au milieu de la glace et de la neige, attendant avec résignation et sans un murmure qu'on pourvût à leurs besoins et à leur casernement. »

Ce qui se passait à l'armée du Nord se passait aussi à l'armée du Rhin, pendant cet hiver rigoureux.

Le 20 frimaire (10 décembre 1794), le 2ᵉ bataillon du 103ᵉ est campé devant Mayence.

Il prend part ensuite au blocus de Luxembourg. Il y eut plusieurs engagements avec les assiégés et y perdit huit officiers tués ou blessés.

Au mois de messidor an III (juin 1795), ce bataillon concourt à la formation de la 182ᵉ demi-brigade.

II

103ᵉ DEMI-BRIGADE DE BATAILLE

25 BRUMAIRE AN III

Armée d'Italie. — 1794-1796. — La 103ᵉ demi-brigade de bataille fut organisée à Toulon, le 25 brumaire an III (15 novembre 1794), avec les corps suivants :

1ᵉʳ bataillon du 52ᵉ régiment d'infanterie ;

1ᵉʳ bataillon des volontaires de Marseille ;

2ᵉ bataillon des volontaires de Luberon (Bouches-du-Rhône).

Cette demi-brigade fut placée sous le commandement du général Villemalet.

Le 27 pluviôse (15 février 1795), elle est sous les ordres du général Bordelanne, et contribue à réprimer les troubles qui avaient éclaté à Toulon.

Dirigée ensuite sur l'armée d'Italie, elle arrive à

Loano en avril 1795, et fait partie de la 1ʳᵉ division commandée par le général Masséna.

Les trois bataillons, d'abord séparés, furent réunis, quand les hostilités commencèrent, sous le commandement de l'adjudant général Joubert. Puis le général Masséna ayant été mis à la tête de l'aile droite de l'armée, composée de trois divisions, la 103ᵉ demi-brigade versa, le 16 floréal (5 mai 1795), son 1ᵉʳ et son 3ᵉ bataillon dans la première de ces divisions, et son 2ᵉ bataillon dans la seconde.

Cette campagne eut peu de résultat. Ayant en face d'elle des forces supérieures, l'armée d'Italie fut la seule des armées françaises de ce moment qui ne put se porter en avant. Mais elle se maintint victorieusement sur ses positions de San Bernardo à Borghetto. Le 1ᵉʳ et le 3ᵉ bataillon de la 103ᵉ furent placés à Alaccio et Oneglia, le 2ᵉ à Ventimiglia.

Ils y restèrent jusqu'au 4 avril 1796.

A cette époque, et suivant un arrêté du 13 nivôse an IV (3 janvier 1796), la 103ᵉ demi-brigade de bataille fut destinée à former la nouvelle 11ᵉ demi-brigade de ligne.

III

103ᵉ DEMI-BRIGADE DE LIGNE

18 NIVOSE AN IV

La 103ᵉ demi-brigade de ligne, créée par arrêté du 18 nivôse an IV (8 janvier 1796), commença à s'organiser le 1ᵉʳ ventôse (20 février). Elle fut formée de la 86ᵉ demi-brigade de bataille et de la 162ᵉ.

Armée de Rhin-et-Moselle. — Général Moreau — Destinée à l'armée de Rhin-et-Moselle, elle se trouve à Landau le 20 floréal an IV. Le 25 (14 mai 1796), elle marche avec la division d'avant-garde du général Beaupuy, suit le mouvement du corps du général Desaix, et se trouve au passage du Rhin.

Elle prend part aux affaires de Willstedt, d'Offenbourg, de Reuchen, aux batailles de Rastadt (5 juillet) et d'Ettlingen (9 juillet), où Moreau repousse et défait les Autrichiens.

Restée à Pfaffenhoffen pendant les opérations de Moreau en Bavière, elle se trouve aux combats de Freising et d'Eichstadt, où Desaix défit complétement le général Nauendorf. Le 23 fructidor (9 septembre), elle combat de nouveau sous les murs d'Ingolstadt.

Mais pendant que le général Bonaparte accomplissait en Italie sa merveilleuse campagne, Moreau se vit obligé de reculer.

Il le fit lentement, méthodiquement, ne laissant derrière lui, dans cette glorieuse retraite, ni un homme ni un caisson, et s'arrêtant chaque fois qu'il était trop pressé pour infliger quelque leçon sévère aux Autrichiens qui le suivaient.

Dans cette retraite, la 103ᵉ demi-brigade se trouva à Rieden le 1ᵉʳ vendémiaire an V (22 septembre). Elle prit part à la victoire de Biberach (2 octobre 1796).

Le combat d'Emmedingen est une des pages les plus glorieuses de la 103ᵉ demi-brigade. Le capitaine de grenadiers Brayer, ralliant quelques compagnies débandées, tint tête à des forces considérables, protégea la retraite de la division Beaupuy, et rétablit les communications avec l'aile gauche de l'armée. Dans ce combat, un grand nombre d'officiers furent tués ou blessés.

L'armée ayant repassé le Rhin, la 103ᵉ fut envoyée à Kehl, assiégé par les Autrichiens, et s'établit dans l'île du Rhin jusqu'à la reddition du fort (6 janvier 1797). Elle montra pendant le siége un courage et une constance au-dessus de tout éloge, et subit de grandes pertes.

Parmi de nombreux faits d'armes, on peut citer la belle conduite du capitaine Pingret, qui, avec une poignée d'hommes, s'empara d'une redoute, et celle du sous-lieutenant Dudoyer, qui, avec 12 hommes, chargea un poste ennemi et le fit prisonnier.

La 103ᵉ demi-brigade se distingua de nouveau au passage du Rhin effectué par Moreau à Diersheim le 1ᵉʳ floréal (20 avril 1797).

Hoche et Moreau reprenaient l'offensive de la manière la plus brillante, quand ils furent arrêtés au milieu de leurs succès par la nouvelle de l'armistice de Léoben que la cour de Vienne épouvantée venait de signer, le 29 germinal (18 avril), avec le général Bonaparte.

Armée d'Allemagne. — Un arrêté du Directoire du 8 vendémiaire an VI (29 septembre 1797) fit prendre à l'armée du Rhin la dénomination d'armée d'Allemagne; la 103ᵉ demi-brigade en fait partie, et s'établit à Strasbourg le 17 pluviôse (5 février 1798).

Armée d'Helvétie. — Général Masséna. — Le 18 ventôse an VI (8 mars 1798), la 103ᵉ fait partie de l'armée d'Helvétie, commandée par le général Brune, et entre en Suisse le mois suivant.

Pendant le courant de l'année 1798, elle occupa Zug, Lucerne, Brugg, Sissach et Anstorf.

Le 15 ventôse an VII (5 mars 1799), le général Masséna prit le commandement de l'armée d'Helvétie qui occupait militairement la Suisse depuis un an.

Les circonstances étaient graves. L'Angleterre venait

de former la seconde coalition : l'Angleterre, l'Autriche, la Russie, une partie de l'Allemagne, Naples, le Portugal, la Turquie, jusqu'aux États barbaresques, s'étaient réunis contre nous.

Les débuts de la campagne ne furent pas heureux pour les armes françaises en Italie et en Allemagne ; Masséna ne dut songer en Suisse qu'à la défensive. Mais elle ne manqua pas de brillants faits d'armes, et l'immortelle bataille de Zurich assura le salut du pays.

La 103ᵉ demi-brigade prit une part active à cette campagne. Le 16 ventôse (6 mars), lors de la capitulation des Impériaux à Coire, elle concourut à forcer le passage du pont de Zollbruck, et poursuivit l'ennemi jusque sous les murs de Coire, en faisant 1,700 prisonniers. Ses pertes, dans cette action, furent sensibles ; il y eut beaucoup d'officiers blessés, parmi lesquels le capitaine Brayer, dont le nom glorieux a déjà été cité.

Par arrêté du 2 floréal an VII (21 avril 1799), l'armée d'Helvétie est réunie à l'armée du Danube, sous le commandement de Masséna.

La 103ᵉ demi-brigade était alors aux environs de Coire. Son 1ᵉʳ bataillon eut à combattre les habitants de la vallée de Dissentis qui s'étaient insurgés. Il défendit avec vigueur le passage du pont de Reichenau et fit, après avoir incendié le pont, avec les troupes de la division Suchet, une retraite pleine de périls et de fatigues jusqu'à Urseren, au pied du Saint-Gothard.

Le 2ᵉ bataillon avait pendant ce temps dispersé les

insurgés de la vallée de Languart ; mais les Impériaux ayant coupé toutes ses communications, il fut enveloppé par des forces considérables, et après une lutte désespérée obligé de déposer les armes.

Le 1ᵉʳ vendémiaire an VIII (23 septembre 1799), la 103ᵉ demi-brigade fait partie de la division Klein. Elle prend part à cet admirable ensemble de manœuvres qui porte le nom de bataille de Zurich (25 et 26 septembre). La division Klein, jointe à la division Mortier, occupe la ville de Zurich, après un combat sanglant, et fait 5,000 Russes prisonniers. Le général Masséna, s'étant mis lui-même à la tête de ces deux divisions, poursuit le corps du général Korsakoff, l'atteint à Rudolfingen, le défait complétement et le force à repasser le Rhin.

Cette victoire coûtait aux coalisés 30,000 hommes et la défection des Russes.

Armée du Rhin. — Général Moreau. — L'Angleterre et l'Autriche ayant repoussé les propositions de paix du premier Consul, l'armée du Rhin fut réunie à l'armée du Danube sous le commandement de Moreau, pour opérer en Allemagne, et Masséna reçut le commandement de l'armée d'Italie.

La 103ᵉ demi-brigade, faisant partie de la première de ces deux armées, entra dans la division Ney, du corps du général Saint-Cyr.

Elle passe le Rhin à Vieux-Brisach le 5 floréal an VIII (25 avril 1800), culbute l'ennemi dans le Val-d'Enfer, assiste le 13 floréal (3 mai) à la bataille d'Engen, et le 15 (5 mai) à celle de Tuttlingen. Elle se distingue à

Guklingen et à Kirchberg, où le sous-lieutenant Dudoyer, déjà cité, se signale particulièrement.

Les Autrichiens sont rejetés dans le camp retranché d'Ulm, où l'armée française les tient enfermés.

Le 18 prairial (7 juin), l'organisation de l'armée est modifiée; mais la 103ᵉ se trouve encore dans la division Ney, la 2ᵉ de l'aile gauche placée sous le commandement du général Grenier.

Le 23 prairial (12 juin), les deux premiers bataillons de la 103ᵉ culbutent l'ennemi sur le plateau de Gunerishofen, et le repoussent jusqu'au-delà du village de Bubenhausen.

Dans la poursuite de l'ennemi sur Ulm, la 103ᵉ occupe les hauteurs de Roffingen. Dans cette journée, le soldat Gostebois, aidé de quelques hommes, arrêta un fort peloton de cavalerie et fut pour ce fait nommé fourrier sur le champ de bataille.

La 103ᵉ demi-brigade fait partie plus tard de la 1ʳᵉ division de l'aile gauche, commandée par le général Legrand, et prend part au blocus d'Ingolstadt, où elle éprouve quelques pertes.

Le 23 messidor (12 juillet), un armistice fut conclu : l'Autriche, battue en Italie (Marengo, 4 juin) comme en Allemagne, demandait à traiter.

Mais les conférences de Lunéville traînant en longueur, Bonaparte résolut de conquérir la paix par une campagne d'hiver, et Moreau reçut l'ordre de recommencer les hostilités.

Le 28 novembre, l'armée marcha sur l'Inn.

Le 10 frimaire (1ᵉʳ décembre 1800), le général Grenier, ayant pris position sur les hauteurs qui dominent la plaine d'Ampfing, fut attaqué par l'archiduc Jean. La 103ᵉ, sous les ordres du général d'Esperrières, défendait Aschau, en enveloppant les issues de Kraibourg. Dans cette journée, prélude d'une grande victoire, la demi-brigade fit six à sept cents prisonniers, et fut citée dans le rapport du chef d'état-major général au ministre de la guerre.

Deux jours après, 12 frimaire (3 décembre 1800), la 103ᵉ demi-brigade prenait une grande part à la célèbre bataille de Hohenlinden, où elle eut plusieurs officiers tués ou blessés : 12,000 prisonniers, 87 pièces de canon furent les trophées de cette brillante victoire.

Dans la poursuite de l'ennemi, la 103ᵉ se porte sur Muhldorf, traverse l'Inn le 21 frimaire (12 décembre), la Salza le 23 (14 décembre), et prend part le 29 (20 décembre) à un brillant coup de main exécuté à Steyer par le général Grenier, et qui coûta à l'ennemi 6,000 prisonniers, 22 pièces de canon, 185 caissons, 4,000 à 5,000 voitures, et d'immenses approvisionnements.

L'Autriche, effrayée, promit d'accepter toutes les conditions de la France, et un armistice fut signé le 2 nivôse (23 décembre), à Steyer.

Cet armistice fut suivi de la paix de Lunéville (9 février 1801).

La 103ᵉ demi-brigade fut dirigée sur Cologne et entra dans l'armée de Hanovre.

IV

103ᵉ RÉGIMENT D'INFANTERIE

1ᵉʳ VENDÉMIAIRE AN XII

Par arrêté du 1ᵉʳ vendémiaire an XII (24 septembre 1803), la 103ᵉ demi-brigade prit la dénomination de 103ᵉ régiment d'infanterie.

Armée de Hanovre. — 1803-1804. — Pendant l'an XII et l'an XIII le 103ᵉ fait partie de l'armée de Hanovre, occupant Nienbourg et les environs.

Grande-Armée. — 5ᵉ corps. — Maréchal Lannes. — Le continent était dompté et se taisait devant la grandeur de Napoléon : seule l'Angleterre, qui avait rompu la paix d'Amiens, restait insaisissable dans son île.

Napoléon résolut de passer le détroit et réunit la Grande-Armée au camp de Boulogne; mais, au moment même où son plan de descente échouait, il apprenait que les Anglais avaient formé contre nous une coalition nouvelle. Il se retourna tout frémissant vers l'Allemagne et commença son immortelle campagne de 1805.

Campagne de 1805. — Le 103ᵉ faisait partie de la division Gazan, du 5ᵉ corps, sous les ordres du maréchal Lannes.

La Grande-Armée entre en Allemagne le 25 septembre ; elle passe le Danube le 6 octobre, et le 19, l'armée autrichienne, enfermée dans Ulm, capitulait. Une armée de 80,000 hommes avait disparu ; 60,000 étaient tués ou prisonniers ; 200 canons, 80 drapeaux étaient entré nos mains.

Ces magnifiques résultats, assurés par les combinaisons du génie, étaient obtenus presque sans perte.

La division Gazan qui, le 20 vendémiaire (12 octobre), se trouvait en ligne devant Ulm, n'eut pas à combattre. Le 28 vendémiaire (20 octobre), elle assiste au désarmement de l'armée autrichienne.

L'Empereur précipite sa marche sur Vienne. La division Gazan passe sous le commandement du maréchal Mortier, et prend part le 20 brumaire (11 novembre 1805) au combat de Diernstein, qui est un des plus beaux titres de gloire du 103ᵉ.

L'action commencée à la pointe du jour ne finit qu'à 9 heures du soir. Le régiment fit des pertes énormes. Le colonel Taupin fut blessé et nommé commandeur de la Légion d'honneur. Parmi les officiers qui succombèrent en donnant des preuves de valeur, se trou-

vèrent : les capitaines Kœning, Moucher, Boutarel ;
les lieutenants Duchaumoy, Delveaux, Charpentier ;
le sous-lieutenant Ferrier. Au nombre des blessés
étaient : les capitaines Lidor, Aubert, Jourdain, Bernard ; le lieutenant Mercier ; les sous-lieutenants Bigot,
Chauvin et Couard ; les sergents-majors Monigier,
Rousseau, Thierry, depuis officiers ; les sergents
Jean, Bourcellier et Aubert, depuis capitaines ; les
caporaux et soldats Gostebois, Baillot, Boquillon,
Chavaillier, Bouilloncourt, qui devinrent plus tard
officiers.

Dans le cours de ce combat, le lieutenant Joly, qui
devint plus tard chef de bataillon, se vit complétement
cerné : il réunit quelques tirailleurs, fondit avec impé-
tuosité sur l'ennemi, le contraignit à se retirer et lui
fit quelques prisonniers.

Le lieutenant Gauché, par sa bravoure et sa fermeté, sut faire conserver une position qu'on ne pouvait abandonner sans laisser à découvert le flanc droit
du régiment, et il tint jusqu'à la fin du combat, même
quand il n'eut plus de cartouches.

Le sergent-major Véron, depuis officier, enleva avec
20 hommes une position défendue par 50 Russes.

Le 28 brumaire (19 novembre), le 103ᵉ est à Vienne,
et il y reste jusqu'à la paix de Presbourg, signée le
5 nivôse an XIV (26 décembre 1805).

Les arsenaux de Vienne avaient livré à l'armée
française 100,000 fusils et 2,000 pièces de canon.
Du bronze pris à l'ennemi dans cette campagne, fut
faite la colonne de la Grande-Armée.

Après la paix de Presbourg, le 103ᵉ fut cantonné en Allemagne.

Campagne de Prusse. — 1806. — L'Angleterre avait réussi à former contre la France une nouvelle coalition : la Prusse, la Russie et la Suède y entrèrent.

La guerre fut déclarée le 24 septembre.

La Grande-Armée, 170,000 soldats incomparables, était encore cantonnée en Allemagne ; elle fut immédiatement mise en mouvement.

Le 103ᵉ, faisant toujours partie de la division Gazan et du 5ᵉ corps, commandé par le maréchal Lannes, fut dirigé sur Cobourg, le 8 octobre.

Le 10, il rencontre les Prussiens à Saalfeld, où eut lieu un engagement, qui ne précéda que de quatre jours la bataille d'Iéna (14 octobre).

A Iéna, le 103ᵉ, dirigé par le maréchal Lannes en personne, exécuta une charge brillante et décisive sur la gauche de l'armée prussienne, et contribua puissamment au gain de la bataille.

Les pertes de cette journée furent nombreuses. Parmi les officiers tués ou blessés, se trouvaient : le chef de bataillon Pasquier ; le capitaine adjudant-major Muller ; les capitaines Demeneye et Peyronnet ; les lieutenants et sous-lieutenants Génin, Proust, Carrel, Richard, Lenoble, Huart, Légris, Bernard, Louvière et Vautrin.

Mais si nos pertes furent sensibles, celles de l'ennemi furent énormes : en quelques heures le prince de Hohenlohe laissait sur le champ de bataille 12,000 morts ou blessés, 15,000 prisonniers, 200 pièces de canon ; le même jour, à 4 lieues d'Iéna, le maréchal Davoust écrasait à Auerstaedt l'armée du duc de Brunswick : 10,000 hommes tués ou blessés couvraient le champ de bataille ; 115 pièces de canon restaient aux mains de Davoust, qui n'en avait lui-même que 44.

Les résultats de cette double victoire furent immenses. L'armée prussienne était anéantie ; ses débris fuyaient dans un désordre inexprimable. Toutes les places fortes de la Prusse se rendent ; l'armée française entre à Berlin, qu'elle devait occuper pendant trois années consécutives. En un mois la monarchie prussienne avait cessé d'exister : un préfet français commande à Berlin.

Le 103ᵉ est associé à toute cette gloire. Il passe l'Elbe le 21 octobre, s'arrête à Potsdam, puis arrive à Spandau qui se rend le 25, et continue à poursuivre les débris de l'armée prussienne.

Le 5 décembre, il est à Varsovie, où il reste jusqu'au 26.

Campagne de 1807. — Restaient les Russes qui s'avançaient au secours de leurs alliés. La Grande-Armée se porte à leur rencontre et les repousse dans plusieurs combats.

Le 103ᵉ se trouve au plus sérieux, le combat de Pultusk (janvier 1807), où il fait des prodiges de valeur et perd les lieutenants Huried et Heultre.

Le régiment reprend ensuite ses cantonnements autour de Varsovie.

Mais ce repos ne devait pas être long. Le 26 février, le 5ᵉ corps attaque les Russes aux environs d'Ostrolinska. Dans cette affaire, le 103ᵉ, qui était à l'avant-garde, rencontre l'ennemi dans les bois, le charge tête baissée avec le reste de la division et le poursuit jusqu'à la Skiwa.

Le régiment eut à regretter la perte des officiers suivants : Tourneur, Bouhat, Pierre et Proust. Parmi les blessés se trouvaient : Beauvert, Labral, Campana et Mercier, lieutenants.

Le colonel Taupin, qui commandait le régiment, attendit de pied ferme, à la tête du 3ᵉ bataillon, une colonne russe, forte de 1,400 hommes, qui s'avançait après avoir repoussé trois compagnies de grenadiers ; au moment où les Russes s'approchaient, le colonel s'élance lui-même contre l'ennemi, le culbute, lui prend une redoute et le repousse assez loin pour ne plus être inquiété de ce côté.

Après cette affaire, le 103ᵉ revint dans ses cantonnements auprès de Varsovie, et y resta jusqu'à la paix glorieuse de Tilsitt (8 juillet 1807), qui marque l'apogée de la grandeur de Napoléon et de la puissance de la France.

A cette époque, le 5ᵉ corps fut cantonné en Silésie.

Armée d'Espagne. — 1808-1809. — L'année suivante, le 8 septembre 1808, le 103ᵉ fut rappelé d'Allemagne pour être dirigé sur l'armée d'Espagne, dont Napoléon lui-même allait prendre le commandement.

Il fut envoyé devant Saragosse. Ce siége mémorable

fut l'action la plus retentissante de cette période de la guerre d'Espagne. Saragosse ne fut pris qu'après huit mois d'attaque, vingt-huit jours de tranchée ouverte et vingt-trois jours de combats dans les rues, les couvents et les églises (21 février 1809).

Le 103ᵉ enleva d'assaut plusieurs couvents du faubourg et fit 4,000 prisonniers.

Il perdit les capitaines Henry, Aubert, Gauché; les lieutenants Dhur-Laborde, Hurio et Jonio.

Après la prise de Saragosse, le 103ᵉ fit partie de la réserve laissée aux pieds des Pyrénées.

Campagne d'Allemagne. — 1809. — 4ᵉ bataillon. — Mais l'Autriche venait de faire passer l'Inn à 175,000 hommes commandés par l'archiduc Charles. Il fallut faire face de ce côté et renforcer l'armée d'Allemagne qui allait entreprendre la glorieuse campagne de 1809.

Le 4ᵉ bataillon du 103ᵉ y fut envoyé et placé dans le 10ᵉ corps. Il prit part aux batailles d'Ebersberg (3 mai), d'Essling (21 et 22 mai) et de Wagram (6 juillet).

Cette dernière bataille, où les Autrichiens perdirent 24,000 morts ou blessés, 12,000 prisonniers et 20 pièces de canon, termina la campagne.

Un armistice fut signé à Znaïm le 11 juillet, et la paix fut conclue à Vienne le 14 octobre.

Le 103ᵉ perdit dans cette campagne les capitaines Maupassant et Durrieu, les lieutenants et sous-lieutenants Laforêt, Boucart, Boudot, Canelier et Forgandie.

Après la paix, en 1810, ce bataillon revient en Espagne et fait partie de l'armée de Portugal.

Campagne d'Espagne. — 1809. — Les trois autres bataillons restés dans la Péninsule avaient été dirigés sur Salamanque en juillet 1809; ils prirent part à la poursuite de l'armée anglaise après la bataille de Talaveyra (28 juillet), livrée par Joseph à sir Wellesley.

Le 19 novembre, le 103ᵉ prenait une large part à la victoire d'Occaña; le colonel Rignoux se distingua particulièrement en entraînant son régiment dans une charge à la baïonnette.

1810. — Au mois de janvier 1810, le 103ᵉ prend part à l'expédition d'Andalousie et au blocus de Badajoz; il passe l'été à Séville et se trouve au combat de Fuentès-del-Cantos.

1811. — Au mois de janvier 1811, la division Gazan, dont faisait toujours partie le 103ᵉ, fut chargée d'escorter l'équipage de siége dirigé sur Badajoz.

Le 26 janvier, elle rencontre un corps espagnol de 6,000 hommes qui avait pris position sur les hauteurs de Castillejoz. Le général Gazan envoie contre lui le 28ᵉ léger et le 103ᵉ de ligne; après un combat de deux heures, les Espagnols plient et battent en retraite.

Le 103ᵉ arrive le 2 février au camp sous Badajoz. Le 11, il donnait l'assaut au fort de Nerdaleras, et, après un combat de nuit très-acharné, il restait maître de l'ouvrage. Il contribua ainsi puissamment à la reddition de la ville qui eut lieu le 10 mars.

Au mois d'avril, le 103ᵉ est divisé en deux portions : le 3ᵉ bataillon reste à Badajoz, bientôt investi par l'armée anglaise, et les deux premiers vont à Séville avec la division Gazan.

Ces deux bataillons assistent le 16 mai à la sanglante bataille d'Albuera, et y font des prodiges de valeur. Au nombre des blessés se trouvèrent : les capitaines Lurard, Millon, Régnaut, Pérartel, Goujon; les lieutenants ou sous-lieutenants de Sandricourt, Desgremont, Jordani, Vrasonni, Bourcellier et Aubert.

Pendant le reste de l'année 1811, le 103ᵉ opéra en Andalousie, délivra Grenade et rejeta les Anglais dans Gibraltar.

1812. — En février 1812, Badajoz, où était resté le 3ᵉ bataillon, fut investie de nouveau par l'armée anglaise.

Attaquée par des forces supérieures, cette ville fut emportée d'assaut le 6 avril, et la garnison fut faite prisonnière de guerre. Le 103ᵉ y perdit les capitaines Villain et Poulet; les lieutenants ou sous-lieutenants Girot, Jean, Vernay, Rondot, Gallour et Sommaripa.

Les deux autres bataillons tinrent garnison pendant l'année 1812 dans le royaume de Valence. Au mois d'octobre, ils sont dirigés sur Madrid pour y réprimer des troubles.

1813. — Au mois de mai 1813, l'armée commença son mouvement de retraite.

Le 21 juin eut lieu la funeste bataille de Vittoria. Le 103ᵉ, le général Marausin à sa tête, attaqua les hauteurs de Sierra-de-Andin, s'y battit pendant deux heures sans résultat, et y perdit les capitaines Poisne et Baudin.

Le 25 juillet, le 103ᵉ attaque les Anglais au col de Maya et les repousse sur toute la ligne. Le colonel Bonnaire y fut blessé, ainsi que les lieutenants Desprez, de Sandricourt et Legris.

Le 27 et le 28, le 103ᵉ se battit à Sarausen. Le 30, l'armée française repassait la Bidassoa.

Dans cette campagne d'Espagne, le 103ᵉ se montra partout à hauteur des circonstances. Ce n'était pas ici ces grandes et retentissantes batailles auxquelles il avait assisté, ou qui se livraient en ce moment même dans le nord de l'Europe; mais dans cette guerre, où les forces durent s'éparpiller, comme l'insurrection elle-même; au milieu de ce pays hostile et fanatisé, où chaque pan de mur, chaque buisson pouvait cacher un ennemi, nos soldats furent d'une fermeté, d'un courage, d'une valeur à toute épreuve.

Le 103ᵉ, rentré en France, fut campé en avant de Bayonne, sur la rive droite de la Nive, et y passa l'hiver.

Armée d'Allemagne. — Bataillons bis. — 1813. — Pendant la campagne d'Espagne, le 103ᵉ eut en Allemagne un 2ᵉ et un 3ᵉ bataillon *bis* et un 4ᵉ bataillon *ter*.

Ces bataillons prirent une part glorieuse aux victoires de Lutzen (2 mai 1813) et Bautzen. C'étaient de nouvelles levées; mais ces jeunes soldats se montrèrent dignes des anciens. « Depuis vingt ans que « je commande les armées françaises, s'écriait Napo-« léon, je n'ai jamais vu plus de bravoure et de « dévouement. Mes jeunes soldats! l'honneur et le « courage leur sortaient par tous les pores ! »

Là furent blessés les capitaines Maillard et Raimond, les lieutenants et sous-lieutenants Evrard, Bathias et Ménard.

Ces bataillons prirent part aux combats de Pirna et de Kulm et à la bataille de Leipzig (16-19 octobre). Cette bataille, que les Allemands ont appelée la *bataille des Nations,* fut la lutte la plus meurtrière des temps modernes. 190,000 Français soutinrent pendant trois jours l'attaque furieuse de 330,000 hommes, et durent se retirer faute de munitions : 220,000 coups de canon tirés dans ces trois jours avaient épuisé les réserves de l'artillerie.

120,000 hommes, dont 50,000 Français, restèrent couchés sur ces plaines funèbres.

A cette bataille furent blessés les capitaines Pierron, Thilmont, Tisserand; les lieutenants et sous-lieutenants Chauvin, Ladoye et Badin.

A la défense de Dresde, le 3e bataillon *bis* et le 4e bataillon *ter* furent faits prisonniers.

Le 2e bataillon *bis* prit part à la bataille de Hanau, notre dernière victoire au-delà du Rhin (30 octobre).

A la réorganisation de l'armée, en décembre 1813,

les débris des bataillons *bis* du 103ᵉ firent partie de la 2ᵉ division (Durutte) de la 4ᵉ armée (Marmont), et furent investis dans Mayence.

Campagne de 1814. — En janvier 1814, la France était envahie de toutes parts... 160,000 Anglo-Espagnols, sous Wellington, franchissaient les Pyrénées.

Nos troupes s'établirent autour d'Orthez ; le 103ᵉ occupait le village de Saint-Baès.

Le 27 février, Wellington vint attaquer ce village, et, après une vigoureuse résistance, le régiment dut battre en retraite sur Tarbes, puis sur Toulouse.

Le 9 avril, l'armée anglo-espagnole arrive devant cette ville, où Soult l'attendait.

Le 10, l'attaque commença sur notre gauche, où se trouvait le général Moransin avec le 103ᵉ, chargé de la garde de la tête du premier pont du canal.

Cette position fut conservée toute la journée, malgré les efforts acharnés d'un ennemi bien supérieur en nombre.

Cette dernière bataille livrée par l'armée d'Espagne est une des plus héroïques et des plus glorieuses de cette campagne. Le 103ᵉ fit des prodiges de valeur, et les soldats de Toulouse rappelèrent ceux de Hohenlinden, de Diernstein et d'Iéna.

Mais ces efforts furent stériles : Paris était livré, et l'Empereur forcé d'abdiquer.

A la réorganisation prescrite par l'ordonnance royale du 12 mai 1814, le 103ᵉ devint le 84ᵉ.

Pendant les Cent-jours, l'Empereur, par décret du 25 avril 1815, fit reprendre à chaque régiment son ancienne dénomination.

Une nouvelle ordonnance du Roi, en date du 16 juillet 1815, prescrivit un autre licenciement total de l'armée et une organisation nouvelle : ce qui restait du 103ᵉ fut dirigé sur la 52ᵉ légion départementale d'infanterie (légion de la Meurthe), qui est devenue le 52ᵉ régiment d'infanterie.

V

103ᵉ RÉGIMENT D'INFANTERIE

28 JUIN 1860

Ce régiment fut formé le 28 juin 1860, conformément au décret du 11 du même mois, avec une partie de la brigade de Savoie, par suite de l'annexion de ce pays à la France, après la campagne de 1859 en Italie.

Il fut licencié en vertu d'un décret impérial du 14 décembre 1861 pour cause de réduction dans l'armée, et dissous le 25 janvier 1862.

La formation d'un 103ᵉ régiment d'infanterie de ligne fut commencée à Saint-Omer le 15 mars 1871 : ce régiment fut licencié le 11 mai, avant d'être complétement formé.

VI

103ᵉ RÉGIMENT D'INFANTERIE

1ᵉʳ MAI 1872

Ce régiment fut formé sous le nom de 3ᵉ régiment provisoire le 7 avril 1871, conformément à la circulaire ministérielle du 27 mars précédent.

Il fut organisé à Cambrai par les soins du général Clinchant; il comprenait les hommes provenant des régiments d'infanterie de 26 à 50, rentrant de captivité en Allemagne.

Le 18 avril, le 3ᵉ provisoire, sous le commandement du colonel Bréart, s'élevait à l'effectif de 65 officiers et 1793 sous-officiers et soldats.

A cette date il quitta Cambrai pour se rendre au camp de Satory, où le régiment entier se trouva réuni le 20 avril.

Il faisait partie du 5ᵉ corps (général Clinchant),

1ʳᵉ division (général Duplessis), 2ᵉ brigade (général Blot).

Le 1ᵉʳ mai, le 3ᵉ provisoire se rendit au camp de Gizzy, près de Bièvre.

Opérations autour de Paris. — Du 1ᵉʳ au 8 mai, il fournit des travailleurs pour les travaux d'approche exécutés devant les forts de Vanves et d'Issy; il eut à cette époque 1 officier blessé. au village d'Issy, M. Bordy, lieutenant, et 2 soldats blessés devant les forts.

Le 9, le régiment occupe les villages de Bagneux, Châtillon et Fontenay-aux-Roses, où il a 5 soldats blessés.

Le 11, il quitte le camp de Gizzy, pour se rendre au château de Buzenval.

Le 12, il établit son campement au bois de Boulogne, près de Bagatelle.

Du 13 au 15 mai, le régiment fournit les travailleurs et les gardes de tranchée. Dans cet intervalle les pertes s'élevèrent à 1 officier blessé, M. le lieutenant Jaffray, 1 soldat tué, 1 caporal et 9 soldats blessés.

Le 16, le régiment quitte le camp de Bagatelle pour se rendre à celui de Saint-Cucufa, où il reste jusqu'au 20.

Le 21 au matin, il rentre au bois de Boulogne, et reprend son emplacement à Bagatelle.

Opérations dans Paris. — Le même jour, à la tombée de la nuit, le 1ᵉʳ et le 3ᵉ bataillon en tête du 5ᵉ corps pénètrent dans Paris au Point-du-Jour par la porte de Saint-Cloud.

Tournant à gauche, ils suivent les boulevards Murat et Suchet jusqu'à hauteur de la porte d'Auteuil qui est dégagée.

Le 1ᵉʳ bataillon continue son mouvement le long des remparts par la route militaire, s'emparant successivement des bastions jusqu'à la porte de Passy.

M. le lieutenant Torreilles, avec 25 hommes, fut chargé de s'emparer du poste-caserne qui s'élève près de cette porte ; il accomplit heureusement sa mission et fit mettre bas les armes à un bataillon d'insurgés.

« La position importante du château de la Muette, « dont les défenses s'appuient aux remparts et se pro- « longent vers la Seine, devient l'objectif du général « Clinchant.

« Défendue par des fossés, des murs, des grilles, « des batteries, elle était presque inattaquable du côté « des remparts. » Le 3ᵉ bataillon reçoit pour mission de la tourner.

Après une vive fusillade, le château et la gare de Passy sont emportés : le commandant Paquette, en tête de son bataillon, pénètre le premier dans le château. On y fit 300 prisonniers, dont 22 officiers ; le drapeau du 224ᵉ bataillon de fédérés fut pris, ainsi que 200 fusils provenant de la garnison, 7 pièces de 7 rayées, 2 mitrailleuses et un dépôt d'armes considérable.

Ce coup de main n'avait coûté au régiment que 2 hommes tués et 5 blessés.

Le 1ᵉʳ bataillon avait pendant le même temps suivi les remparts, pénétré dans le parc par une brèche, enlevé le retranchement armé de 5 pièces de canon, et fait prisonnière une compagnie d'insurgés.

Ces opérations durèrent jusqu'au matin du **22** mai.

Le régiment continua son mouvement le long des remparts jusqu'auprès de la porte de Neuilly. Puis, prenant par l'avenue de l'Impératrice et la place de l'Étoile, où rejoignit le 2ᵉ bataillon qui avait été laissé en réserve, il fut dirigé sur le parc Monceau. Le soir, il prit position à la place de l'Europe, à la gare Saint-Lazare, et occupa les rues de Constantinople, de Madrid et de Londres.

Le **23** au matin, le 3ᵉ bataillon est laissé en réserve à la gare Saint-Lazare. Des contre-barricades sont établies, par le 1ᵉʳ et le 2ᵉ bataillon, rue de Saint-Pétersbourg et rue d'Amsterdam, pour battre avec de l'artillerie la grande barricade de la place Clichy. Des tirailleurs lancés par la rue de Turin trouvent cette barricade abandonnée par ses défenseurs sous le feu violent des batteries et des éclaireurs de la division ; conduits par M. le lieutenant Sénèque-Blémont, ils traversent le boulevard des Batignolles, et prennent d'assaut une barricade rue des Dames.

L'église de la Trinité est occupée.

Les deux bataillons sont alors formés en deux colonnes qui doivent marcher parallèlement, en exécutant un mouvement de conversion à droite.

La colonne de gauche (2ᵉ bataillon, commandant Maurand), conduite par le général Blot, s'avance par les rues de Douai et de Vintimille ; arrivée à la place Vintimille, elle est accueillie par le feu d'une barricade située place Blanche.

Les maisons d'où l'on pouvait avoir vue sur la position sont occupées, et l'on chemine à travers le pâté de maisons compris entre les rues de Bruxelles, de Vintimille et de Douai. Au débouché de ce cheminement, la barricade est enlevée à la baïonnette par une section de la 4ᵉ compagnie, conduite par M. le sous-lieutenant Jeannin.

La colonne suit ensuite la rue de Douai ; mais, arrivée à hauteur de la rue Duperré, elle se trouve exposée au feu d'une barricade établie place Pigalle. Le capitaine adjudant-major Bouscaren, employé comme officier d'ordonnance près le général Blot, y est blessé.

La position ayant été enlevée par le 1ᵉʳ corps, le bataillon continue sa marche et va enlever la barricade établie au carrefour des rues Notre-Dame-de-Lorette, Saint-Lazare et des Martyrs.

Après avoir tourné l'église Notre-Dame de Lorette, la tête de colonne se trouve devant une nouvelle barricade, qui est enlevée d'assaut.

Les deux premières compagnies du 2ᵉ bataillon, commandées par les capitaines Binet et Lacroix, font évacuer, après une longue fusillade, la position formidable du carrefour Châteaudun, défendue par 5 barricades. On y prit 3 canons.

Cette colonne avait donc enlevé 8 barricades et concouru à la prise de 2. Les pertes s'élevaient à

1 sous-officier et 7 hommes tués, 2 officiers, les capitaines Bouscaren et Lacroix, et 59 hommes blessés.

Une grande partie de ces résultats furent dus au concours du 3ᵉ bataillon.

Ce bataillon, qui avait été mis en réserve à la gare Saint-Lazare, y laissa la 1ʳᵉ compagnie commandée par le capitaine Baegert, et s'avança, conduit par le commandant Paquette, par les rues de Tivoli, de Clichy, de la Trinité, de la Tour-des-Dames et d'Aumale, jusqu'à la place Saint-Georges, où il eut à contre-battre la barricade établie près de l'église Notre-Dame de Lorette ; M. le sous-lieutenant Jacob y fut blessé.

A l'arrivée de la colonne de gauche, le bataillon prit part à l'attaque et à la prise de cette position.

Il contribua ensuite à enlever les barricades de la rue Saint-Lazare et de Châteaudun. Le capitaine Rajat fut tué dans cette opération.

Pendant ce temps l'autre colonne, formée du 1ᵉʳ bataillon (commandant Bionard), conduite par le colonel Bréart, s'était avancée par les rues de Moscou, de Berlin, Moncey, Labruyère et Notre-Dame-de-Lorette, où le colonel fut blessé, jusqu'à la place Saint-Georges, où elle prit position à la fin de la journée.

La compagnie du 3ᵉ bataillon, restée à la gare Saint-Lazare, fut attaquée vivement pendant la journée, mais elle maintint sa position au prix de 3 hommes tués et 1 officier blessé, le capitaine Baegert.

Le 24, le 2ᵉ bataillon occupa le collége Rollin.

Le 1ᵉʳ fut chargé d'enlever la barricade établie

rue de Chabrol, à son débouché sur le boulevard Magenta. Le colonel, avec la 4ᵉ compagnie commandée par le capitaine Roulin, chemina à travers les maisons qui bordent la rue et parvint à s'emparer de cette barricade.

Le 1ᵉʳ et le 3ᵉ bataillon occupèrent le soir la prison Saint-Lazare.

Le 25 au matin, deux compagnies du 3ᵉ bataillon furent chargées d'enlever la double barricade qui flanquait l'église Saint-Laurent. La 2ᵉ compagnie, commandée par le capitaine Delrieu, exécuta d'une façon brillante cette opération, où fut blessé le sous-lieutenant Denjean, qui s'empara de l'église. Cette opération coûta 1 homme tué et 7 blessés.

Le 1ᵉʳ bataillon fut appelé dans la journée à prendre part à l'attaque de la caserne du Prince-Eugène.

Le soir, les deux bataillons occupèrent l'hôpital Saint-Martin.

Le 26, le 27 et le 28, le régiment eut à maintenir, le long du canal Saint-Martin, les insurgés enveloppés par l'est. Il occupait une ligne s'étendant de la rue des Vinaigriers aux écluses Saint-Martin; il y eut quelques hommes blessés.

Le 29, l'insurrection était complétement vaincue, et le 3ᵉ provisoire était dirigé sur Versailles.

Pendant cette campagne, le régiment eut à regretter la perte de 1 officier, le capitaine Rajat, et de 13 sous-officiers et soldats tués et 5 disparus.

Au nombre des blessés étaient : le colonel Bréart, le commandant Maurand, les capitaines Baëgert,

Lacroix, de Linas et Bouscaren; les lieutenants Torreilles, Jaffray, Bordy; les sous-lieutenants Gillet, Denjean et Jacob, ce dernier mort des suites de ses blessures; 141 sous-officiers et soldats.

Les récompenses suivantes furent accordées aux officiers, sous-officiers et soldats qui s'étaient particulièrement distingués :

Le colonel Bréart fut nommé commandeur de la Légion d'honneur; le commandant Maurand, officier; le commandant Paquette, le capitaine Merliot, les lieutenants Bordy, Jaffray et Richard, les sous-lieutenants Denjean et Gillet furent nommés chevaliers, ainsi que M. Waterlot, médecin-major de deuxième classe.

Furent médaillés : les sergents-majors Pradal et Dhers, les sergents Martinet, Oudin, Sigail, Boulet; le caporal Méring, le clairon Rousseau, les soldats Bichler, Martin, Lenormand, Véchannes, Gauthier, Perrin, Couturier, Gervais, Cossin, et plus tard le soldat Chazeaubénit.

Le 18 juillet, le régiment quitta Versailles pour tenir garnison à Paris.

Le 1ᵉʳ septembre, M. le colonel Lechesne prend le commandement du régiment, en remplacement de M. Bréart, appelé au commandement en second de l'École spéciale militaire.

1872. — Le 30 mars, le régiment quitte Paris pour aller occuper la forteresse du Mont-Valérien.

Le 1ᵉʳ mai, le 3ᵉ provisoire prend le nom de **103ᵉ régiment d'infanterie.**

A la même date, le 4ᵉ bataillon est constitué comme cadres d'officiers, deux compagnies seulement étant constituées entièrement.

Le 20 septembre, les quatre autres compagnies du 4ᵉ bataillon sont organisées.

1873. — Le 2 avril, le sergent-major Bachoffner, et les nommés Cervoni, Siméoni, Chiarelli et Ollivier, soldats au régiment, sont cités à l'ordre de la division pour avoir, le 25 mars, porté secours, près de Courbevoie, à un individu attaqué par une bande de malfaiteurs, et arrêté l'un d'eux malgré les menaces d'une foule hostile.

Conformément au décret du 29 septembre, trois compagnies désignées par le sort, les compagnies de Viviers, Poey et Finot, quittent le 103ᵉ le 15 octobre, pour concourir à la formation du 130ᵉ régiment d'infanterie, au camp de Saint-Germain en Laye. Le 103ᵉ se trouve ainsi composé de 21 compagnies formant 3 bataillons de 6 compagnies, et 3 compagnies de dépôt sous les ordres du major.

Le 18 octobre, le 3ᵉ bataillon et le dépôt, sous le commandement du lieutenant-colonel Maurand, quittent le Mont-Valérien pour se rendre à Alençon (Orne).

En vertu d'un décret du président de la République, du 15 octobre, mis en vigueur le 21, fixant la constitution des corps d'armée, le 103ᵉ fait partie du 4ᵉ corps d'armée (général Deligny), 7ᵉ division (général Duplessis), 14ᵉ brigade (général Blot, remplacé plus tard par le général Haca).

Le 31 octobre, le 1ᵉʳ et le 2ᵉ bataillon quittent la forteresse du Mont-Valérien pour se rendre à Rueil (Seine-et-Oise).

1874. — Le 13 septembre, le régiment quitte Rueil pour aller au camp de Pontgouin (Eure-et-Loir) prendre part aux grandes manœuvres du 4ᵉ corps, sous la direction du général Deligny.

Le 3ᵉ bataillon, venant d'Alençon, rejoint les deux autres au camp, où le régiment se trouve réuni le 19 septembre.

Commencées le 21 septembre, les grandes manœuvres sont terminées le 3 octobre, et le 6 le camp de Pontgouin est levé.

Le 3ᵉ bataillon retourne à Alençon, et les deux premiers sont dirigés sur le camp de Satory, où ils arrivent le 9 octobre.

Le régiment, depuis sa réorganisation, s'est toujours fait remarquer par ses succès dans les concours de tir organisés par le général Clinchant dans le 5ᵉ corps d'armée.

Au concours de 1871, le général ayant accordé quatre prix de tir par brigade, le 103ᵉ en obtint trois.

Au concours de 1872 (janvier 1873), qui eut lieu par division, le 103ᵉ obtint les prix suivants, donnés par le général :

1° Le prix donné au régiment ayant les meilleurs résultats (un percolateur) ;

2° Le prix donné à la compagnie ayant le plus fort pour cent dans la division (un télémètre Gauthier), gagné par la 3ᵉ compagnie du 3ᵉ bataillon, capitaine Binet;

3° Un prix d'adresse (une montre), gagné par le soldat Brisson, de la même compagnie.

Au concours de 1873 (22 septembre), le 103ᵉ remporta encore le prix de régiment donné par le général, en montrant pour la troisième fois une supériorité marquée sur les autres corps de la division et du corps d'armée.

En 1874, il n'y eut pas de concours, mais le régiment fut cité au *Journal militaire officiel* pour l'entretien de son armement.

———

Brayer (Michel-Sylvestre, *baron,* puis *comte*). Entré au service en 1782, dans le régiment suisse de Reinhart, fut nommé adjudant-major, le 22 décembre 1792, du 3ᵉ bataillon du Puy-de-Dôme, incorporé dans la 86ᵉ demi-brigade de bataille, depuis 103ᵉ de ligne.

Il fit les campagnes de 1792 à 1800 aux armées des Ardennes, de la Moselle, d'Helvétie, du Danube et du Rhin.

Nommé capitaine d'une compagnie de grenadiers, le 26 brumaire an II, on le vit, le 28 vendémiaire an V, à l'affaire d'Emmedingen, en Brisgau, rallier environ 2,000 tirailleurs qui se retiraient en désordre, se mettre à leur tête, pour faire face à des forces considérables, protéger la retraite de la division Beaupuy, et rétablir les communications avec l'aile gauche de l'armée.

Le 16 ventôse an VII, il combattit vaillamment à l'affaire de Reichenau, où il fut blessé.

Le 12 floréal, envoyé de Coire avec sa compagnie pour renforcer les troupes qui se trouvaient aux prises avec les paysans révoltés, il prit le commandement de tout le détachement, battit l'ennemi, et le mit dans la déroute la plus complète.

Le 12 thermidor an VIII, il marche avec sa compagnie au secours d'un détachement de la demi-brigade que l'ennemi accablait par des forces très-supérieures ; il dirige son attaque avec une audace et une habileté telles que l'ennemi est obligé de battre en retraite. Il fut nommé chef de bataillon par le général Moreau, en récompense de cette belle action, et placé à la 103ᵉ demi-brigade (12 thermidor an VIII).

Le 12 germinal an XI, le général Ney lui adresse un certificat dans lequel il propose au gouvernement français d'accorder un sabre d'honneur au chef de bataillon Brayer :

« **Ney,** général en chef de l'armée de Hanovre, ministre plénipotentiaire de la République française en Helvétie, certifie que le chef de bataillon Brayer, employé dans la 103ᵉ demi-brigade de ligne, s'est conduit avec le zèle, la bravoure et l'intelligence qui caractérisent un bon officier ; qu'il a commandé les deux bataillons de grenadiers de ma division à la dernière campagne ; qu'à la journée du 10 frimaire an IX, il a rendu les plus grands services au moment où la retraite près d'Ampfing fut nécessitée par les forces supérieures de l'armée impériale, qui contraignirent ma division et celle du général Hardy à se replier sur Haag ; que dans la forêt en avant de Kirchberg, il a exécuté sa retraite par échelons en couvrant la division ; qu'attaqué sur ses deux flancs, il repoussa plusieurs fois les ennemis à la baïonnette et fit prisonniers un major et plusieurs grenadiers hongrois ; que, vers le soir, sa colonne ayant été coupée par une nuée de tirailleurs, il a marché contre eux avec la plus grande rapidité et a renversé tout ce qui se trouvait sur son passage ; qu'à la bataille de Hohenlinden il s'est distingué particulièrement en marchant au secours du général Legrand, après avoir repoussé les ennemis nombreux qui cherchaient à l'empêcher de faire sa jonction ; que pendant toute la guerre, cet officier supérieur a rendu des services importants par sa bravoure et ses talents militaires ; que le gouvernement français, en lui accordant un sabre d'honneur, récompenserait un officier plein de zèle et rendrait justice aux témoignages satisfaisants que le chef de bataillon Brayer a mérités de tous les officiers généraux sous les ordres desquels il a servi. »

Le commandant Brayer quitta le 103ᵉ le 22 décembre 1803, par suite de sa promotion au grade de major au 9ᵉ de ligne.

Il est devenu plus tard général de division et a été élevé à la dignité de pair de France, ainsi qu'à celle de grand-croix de la Légion d'honneur.

Switer. Capitaine adjudant-major à la 103ᵉ demi-brigade de ligne ; fut blessé en plusieurs rencontres ; se distingua en 1806-1807 à la Grande-Armée, et devint général de brigade.

Dhalmont (François-Pierre). Après avoir servi dans le régiment des gardes-françaises, de 1781 à 1785, il entra comme grenadier, le 17 septembre 1791, dans le 1ᵉʳ bataillon de volontaires de Paris ; fut nommé adjudant sous-officier, puis sous-lieutenant dans le

103ᵉ, le 25 janvier 1792 ; lieutenant le 20 janvier 1794; fit avec le régiment les campagnes de 1792 à 1794; entra ensuite dans l'état-major général, d'où il passa dans la gendarmerie, et devint colonel, chef de la 2ᵉ légion de cette arme en Espagne.

BLONDEAU (Aristide). Placé par arrêté du Directoire à la 103ᵉ demi-brigade de ligne comme capitaine, il fut nommé chef de bataillon sur le champ de bataille, par le général en chef de l'armée d'Helvétie, le 16 mars 1799.

S'étant fait en outre remarquer à la bataille de la Bormida, un arrêté des consuls le confirma dans le grade de chef de bataillon, pour prendre rang à la date de sa nomination provisoire.

Estropié d'un coup de feu à la main droite, au combat d'Aqui (19 mai 1800), il fut attaché au corps d'observation du Midi.

HOFF. Le sergent Hoff, qui par ses exploits légendaires se rendit célèbre pendant le siége de Paris par les Prussiens, entra au régiment à sa formation en 1871.

Blessé d'un coup de feu au bras gauche à l'attaque d'une barricade près de la gare Saint-Lazare, le 22 mai, il fut retraité deux ans plus tard et quitta le 103ᵉ en 1873.

BRÉART (Jules-Aimé). Élève à l'École spéciale militaire le 15 novembre 1843. Sous-lieutenant au 70ᵉ de ligne le 1ᵉʳ octobre 1845. Lieutenant le 1ᵉʳ mars 1849. Capitaine le 5 mai 1853. Capitaine adjudant-major au 18ᵉ bataillon de chasseurs à pied le 25 décembre 1853. Chef de bataillon au 95ᵉ de ligne le 24 juin 1863. Chef du 7ᵉ bataillon de chasseurs à pied le 7 octobre 1863. Lieutenant-colonel au 51ᵉ de ligne le 3 août 1867. Colonel du 19ᵉ de ligne le 12 septembre 1870. Colonel du 3ᵉ régiment provisoire le 6 avril 1871. Commandant en second de l'École spéciale militaire le 27 juillet 1871.

Décorations : Chevalier de la Légion d'honneur le 13 août 1859. Officier le 10 octobre 1866. Médaille d'Italie. Médaille du Mexique. Officier de l'ordre de Guadalupe du Mexique le 5 août 1867. Commandeur de la Légion d'honneur le 24 juin 1871.

Campagnes : 1856-1857, Algérie ; 1859-1860, Italie ; 1862 à 1867, Mexique ; 1870-1871, contre l'Almagne ; 1871, à l'intérieur.

Citations : Cité à l'ordre général du corps expéditionnaire du Mexique, le 4 avril 1863, comme s'étant particulièrement distingué à la prise du couvent et de l'église de Guadupité, dans la nuit du 31 mars au 1ᵉʳ avril. Cité à l'ordre général n° 133 du même corps, le 23 avril 1863, comme s'étant particulièrement distingué le 19 avril dans l'attaque des cadres nᵒˢ 29 et 31 de Puebla.

Blessure : Blessé le 23 mai 1871, rue Notre-Dame-de-Lorette, à Paris, d'un coup de feu au côté.

Lᴇᴄʜᴇsɴᴇ (Alphonse-Casimir), né à Metz. Élève à

l'École spéciale militaire le 17 novembre 1842. Sous-lieutenant au 36ᵉ de ligne le 1ᵉʳ octobre 1844. Lieutenant le 27 août 1848. Capitaine le 3 mars 1852. Capitaine adjudant-major le 30 mars 1855. Chef de bataillon au 6ᵉ de ligne le 24 mai 1859. Lieutenant-colonel au 67ᵉ de ligne le 12 mars 1866. Lieutenant-colonel au 1ᵉʳ régiment de voltigeurs de la garde impériale le 4 mars 1868. Colonel du 98ᵉ de ligne le 15 juillet 1870. Colonel du 3ᵉ régiment provisoire le 1ᵉʳ septembre 1871. Colonel du 103ᵉ régiment d'infanterie le 1ᵉʳ mai 1872.

Décorations : Chevalier de la Légion d'honneur le 25 juin 1859. Médaille d'Italie. Médaille de la Valeur militaire de Sardaigne. Chevalier de Saint-Maurice et Saint-Lazare de Sardaigne le 30 juillet 1863. Officier de la Légion d'honneur le 5 novembre 1868. Commandeur de l'ordre du Lion et du Soleil de Perse le 3 septembre 1873. Commandeur de la Légion d'honneur le 11 octobre 1873.

Campagnes : 1845 à 1848, 1853 à 1855, 1855-1856, 1856-1857, Algérie; 1859, Italie; 1870-1871, contre l'Allemagne (fait prisonnier de guerre à Metz).

Blessures : Blessé d'un coup de feu à l'avant-bras gauche, à la bataille de Solférino, le 24 juin 1859, blessure grave ayant nécessité la résection du cubitus sur une longueur de 6 centimètres. Blessé, le même jour, d'un coup de feu au côté gauche. Blessé au pied droit par un éclat d'obus, le 18 août 1870, à la bataille de Saint-Privat.

ARMES D'HONNEUR

ACCORDÉES PAR LE GOUVERNEMENT A DES MILITAIRES DU 103e POUR ACTION
D'ÉCLAT

Au *caporal* BINET (Pierre), un fusil d'honneur pour avoir dégagé son capitaine entouré par un grand nombre d'ennemis.

Au *sergent* COURTIER (Nicolas), un sabre d'honneur qu'il avait mérité en se signalant à l'attaque d'un village occupé par une forte colonne ennemie ; il avait pénétré un des premiers dans ce village, et y avait fait 9 prisonniers.

Au *sergent* LATARGE, un sabre d'honneur qu'il mérita pour s'être signalé à la bataille de Hohenlinden dans un engagement de tirailleurs, où, cerné par une vingtaine d'Autrichiens, il soutint pendant plus de vingt minutes un combat inégal, et parvint à se dégager en emmenant des prisonniers.

Au *sergent* LORIOT, un fusil d'honneur pour s'être

particulièrement distingué à la bataille de Hohenlinden dans un engagement de tirailleurs, où il tua un
officier autrichien et fit plusieurs prisonniers.

Au *grenadier* RENAUD, un fusil d'honneur en récompense de sa conduite distinguée dans les campagnes
de 1799 et 1800, aux armées du Danube et du Rhin,
et particulièrement à l'attaque d'une position occupée
par un bataillon autrichien, sur laquelle il pénétra le
premier et fit plusieurs prisonniers.

Au *sergent* SCHMIDT, un sabre d'honneur qu'il avait
mérité dans la campagne de 1800, en se signalant à la
prise d'une position occupée par l'ennemi et défendue
par plusieurs pièces de canon; Schmidt arriva un des
premiers sur le retranchement, s'empara d'une pièce
de canon et fit 5 prisonniers.

CAMPAGNES DU 103ᵉ ET AFFAIRES AUXQUELLES
IL A ASSISTÉ

1792.

Armée du Rhin.

Siége de Thionville.

1793-1794.

Armée de la Moselle. — 1ᵉʳ bataillon.

Combat de Neukirchen.
— du gué de Guiding.
Déblocus de Landau.

Armée du Rhin. — 2ᵉ bataillon.

Combat de Pfaffenhofen.
Occupation d'Ubrach.
Déblocus de Landau.

Armée de Rhin-et-Moselle.

Occupation de Trèves.

Armée du Rhin.

Blocus de Luxembourg.

1795.
Armée d'Italie.

1796-1797.
Armée de Rhin-et-Moselle.

Combat de Willstedt.
— d'Offenbourg.
— de Reuchen.
— de Rastadt.
Bataille d'Ettlingen.
Combat de Freising.
— d'Eichstadt.
— d'Ingolstadt.
— de Rieden.
Bataille de BIBERACH.
Combat d'Emmedingen.
Siége de Kehl.
Combat de Diersheim.

1798.
Armée d'Allemagne.

1799.
Armée d'Helvétie.

Combat de Zollbruck.
— de Reichenau.

Bataille de Zurich.
Combat de Rudolfingen.

1800.

Armée du Rhin.

Bataille d'Engen.
— de Tuttlingen.
Combat de Guklingen.
— de Kirchberg.
— de Gunerishofen.
— de Roffingen.
Blocus d'Ingolstadt.
Combat d'Aschau.
Bataille de Hohenlinden.
Combat de Steyer.

1801-1804.

Armée de Hanovre.

1805.

Grande-Armée.

Capitulation d'Ulm.
Combat de Diernstein.
Occupation de Vienne.

1806.

Combat de Saalfeld.
Bataille d'Iéna.
Occupation de Spandau.

1807.

Combat de PULTUSK.
— d'Ostrolinska.

1808-1809.

Armée d'Espagne.

SIÉGE ET PRISE DE SARAGOSSE.

Armée d'Allemagne. — 4ᵉ bataillon.

Combat d'Ebersberg.
Bataille D'ESSLING.
BATAILLE DE WAGRAM.

Armée d'Espagne.

Bataille de TALAVEYRA.
BATAILLE D'OCCAÑA.

1810.

Armée de Portugal. — 4ᵉ bataillon.
Armée d'Espagne.

Combat de Fuentès-del-Cantos.

1811.

Combat de Castillejoz.
Siége et prise de Badajoz.
Bataille d'Albuera.
Campagne d'Andalousie.

1812.

Siége de Badajoz. — 3e bataillon.
Insurrection de Madrid.

1813.

Combat de Sierra-de-Andin (bataille de Vittoria).
—   du col de Maya.
—   de Sarausen.

Armée d'Allemagne. — Bataillons bis.

Bataille de LUTZEN.
—   de BAUTZEN.
Combat de Pirna.
—   de Kulm.
Bataille de LEIPSICK.
—   de Hanau.

1814.

Armée d'Espagne.

BATAILLE DE TOULOUSE.

1871.

INSURRECTION PARISIENNE.

ARBLAY (D'), colonel.
AUBERT, capitaine.
AUBERT, sergent.
BACHOFFNER, sergent-major.
BADIN, lieutenant.
BAEGERT, capitaine.
BAILLOT, id.
BASTOUL, id.
BATHIAS, lieutenant.
BAUDIN, id.
BEAUVERT, id.
BERNARD, capitaine.
BICHLER, soldat.
BIGOT, sous-lieutenant.
BINET, capitaine.
BINET, caporal.
BIONARD, chef de bataillon.
BLONDEAU, id.
BOQUILLON, capitaine.
BONNAIRE, colonel.
BORDY, lieutenant.

BOUCART, lieutenant.
BOUDOT, id.
BOUHAT, id.
BOUILLONCOURT, capitaine.
BOULET, fourrier.
BOURCELLIER, capitaine.
BOUSCAREN, id.
BOUTAREL, id.
BRAYER, général de division.
BRÉART, colonel.
CAMPANA, lieutenant.
CANELIER, id.
CARREL, id.
CERVONI, soldat.
CHAISE (DE LA), colonel.
CHAZEAUBÉNIT, soldat.
CHARPENTIER, lieutenant.
CHAUVIN, sous-lieutenant.
CHAVAILLIER, capitaine.
CHIARELLI, soldat.
COSSIN, id.

COUARD, sous-lieutenant.
COURTIER, sergent.
COUTURIER, soldat.
DELRIEU, capitaine.
DELVEAUX, lieutenant.
DEMENEYE, capitaine.
DENJEAN, sous-lieutenant.
DESGREMONT, lieutenant.
DESPREZ,　　id.
DHALMONT, colonel.
DHERS, sergent-major.
DHUR-LABORDE, sous-lieutenant
DUCHAUMOY, lieutenant.
DUDOYER, sous-lieutenant.
DUMOULIN, colonel.
DURRIEU, lieutenant.
EVRARD,　　id.
FERRIER, sous-lieutenant.
FINOT, capitaine.
FORGANDIE, sous-lieutenant.
GALLOUR, lieutenant.
GAUCHÉ,　　id.
GAUTHIER, soldat.
GÉNIN, lieutenant.
GERVAIS, soldat.
GILLET, lieutenant.
GIROT,　　id.
GOSTEBOIS, capitaine.
GOUJON,　　id.
HENRY, lieutenant.
HEULTRE,　id.
HOFF, sergent.
HUART, lieutenant.
HURIED,　　id.
HURIO,　　id.
JACOB, sous-lieutenant.
JAFFRAY, lieutenant.
JEANNIN, sous-lieutenant.

JEAN, capitaine.
JOLY, lieutenant.
JOLLY, colonel.
JONIO, lieutenant.
JORDANY,　id.
JOURDAIN, capitaine.
KŒNING,　　id.
LABRAL, lieutenant.
LACROIX, capitaine.
LADOYE, lieutenant.
LAFORÊT, capitaine.
LATARGE, sergent.
LECHESNE, colonel.
LEGRIS, lieutenant.
LENOBLE,　id.
LENORMAND, soldat.
LIDOR, capitaine.
LINAS (DE), id.
LORIOT, sergent.
LOUVIÈRE, lieutenant.
LURARD, capitaine.
LURON, lieutenant.
MAILLARD, capitaine.
MARTIN, soldat.
MARTINET, sergent.
MAUPASSANT, capitaine.
MAUPERTHUIS (DE), colonel.
MAURAND, lieutenant-colonel.
MÉNARD, lieutenant.
MERLIOT, capitaine.
MERCIER, lieutenant.
MÉRING, caporal.
MILLON, capitaine.
MONIGIER, sergent-major.
MOUCHER, capitaine.
MULLER,　　id.
NICOLLE, colonel.
OLLIVIER, soldat.

Oudin, sergent.
Paquette, chef de bataillon.
Pasquier, id.
Pérartel, capitaine.
Perrin, soldat.
Peyronnet, capitaine.
Pierre, id.
Pierron, id.
Pinguet, id.
Poey, id.
Poisne, id.
Poulet, id.
Pradal, sergent-major.
Prisye, colonel.
Proust, lieutenant.
Raymond, capitaine.
Regnaut, id.
Renaud, grenadier.
Richard, lieutenant.
Rignoux, colonel.
Rondot, lieutenant.
Roulin, capitaine.
Rousseau, sergent-major.

Rousseau, clairon.
Sandricourt (de), s-lieutenant.
Schmidt, sergent.
Sénèque-Blémont, lieutenant.
Sigail, sergent.
Siméoni, soldat.
Sommaripa, lieutenant.
Switer, général de brigade.
Taupin, colonel.
Thierry, sergent-major.
Thilmont, capitaine.
Tisserand, id.
Torreilles, lieutenant.
Tourneur, id.
Vautrin, id.
Véchannes, soldat.
Vernay, capitaine.
Véron, sergent-major.
Viviers (de), capitaine.
Villain, id.
Vrasonni, lieutenant.
Waterlot, médecin-major.